INSTRUCTIONS

POUR

LE CHOLÉRA

ÉPIDÉMIQUE

PAR LE

Dr BURGGRAEVE

Professeur émérite de l'Université de Gand, Chirurgien principal
honoraire de l'hôpital civil de la même ville
Membre titulaire de l'Académie de Médecine de Belgique,
Membre honoraire de la Société des médecins russes à Saint-Pétersbourg,
Membre correspondant de la Société de Chirurgie de Moscou,
de la Société nationale de Chirurgie de Paris, de l'Académie royale
de Médecine de Madrid,
Membre associé de l'Académie des Sciences de Lisbonne,
Membre correspondant de la Société des Sciences médicales
de la même ville,
Membre de l'Académie impériale de Médecine
de Rio de Janeiro (Brésil), etc.

PARIS

A L'INSTITUT DOSIMÉTRIQUE

RUE DES FRANCS-BOURGEOIS, 54

1884

SEDLITZ CHANTEAUD
Purgatif rafraîchissant

La vulgarisation du **Sedlitz Chanteaud** compte parmi les plus grands services rendus à la Santé.

Déjà, on peut dire qu'un grand nombre des maladies spontanées, c'est-à-dire dépendant d'un échauffement du sang et d'un vice de nutrition, ont disparu. C'est donc à la fois un rafraîchissant et un dépuratif.

Les médecins y trouvent un puissant auxiliaire de leurs médications qui ne sont jamais mieux supportées que lorsque le canal intestinal est complètement débarrassé des matières qui l'obstruent, des matières *peccantes* comme disaient avec raison les anciens, parce que ce sont ces matières qui, en fermentant, produisent ou entretiennent la fièvre. Voilà pourquoi tout traitement actif doit débuter par là.

Le **Sedlitz Chanteaud** fera disparaître les drogues nuisibles qu'on vend au public sous le nom fallacieux de : *Pilules de santé,* — *Pilules digestives,* — *Pilules antifermentatives*, etc., — et qui sont composées de drastiques, au point d'irriter la membrane gastro-intestinale et souvent de la détruire.

Tout ceci explique la faveur avec laquelle le **Sedlitz Chanteaud** a été accueilli par les médecins. Il serait à désirer que les remèdes domestiques se présentassent toujours sous le couvert des hommes de l'art, qui ont seuls mission de veiller à la santé publique et particulière.

Le **Sedlitz** déshydraté effervescent Chanteaud se vend dans toutes les pharmacies.

PRIX DU FLACON : 3 FRANCS

Vente en gros, 54, rue des Francs-Bourgeois, à Paris

Nota. — Pour éviter les nombreuses contrefaçons de ce beau produit, exiger sur l'enveloppe et l'étiquette le nom de M. Chanteaud.

Imp. Georges Jacob, — Orléans.

INSTRUCTIONS

POUR

LE CHOLÉRA

ÉPIDÉMIQUE

PAR LE

Dr BURGGRAEVE

Professeur émérite de l'Université de Gand, Chirurgien principal
honoraire de l'hôpital civil de la même ville
Membre titulaire de l'Académie de Médecine de Belgique,
Membre honoraire de la Socié é des médecins russes à Saint-Pétersbourg,
Membre correspond nt de la Société de Chirurgie dè Moscou,
de la Société nationale de Chirurgie de Paris, de l'Académie royale
de Médecine de Madrid,
Membre associé de l'Académie des Sciences de Lisbonne,
Membre correspondant de la Société des Sciences médicales
de la même ville,
Membre de l'Académie impériale de Médecine
de Rio de Janeiro (Brésil), etc.

PARIS

A L'INSTITUT DOSIMÉTRIQUE

RUE DES FRANCS-BOURGEOIS, 54

1884

PRÉFACE

De toutes les maladies épidémiques, le choléra est celle qui nous inspire le plus d'effroi, à cause de sa brusque apparition et de sa marche aiguë au début.

Cependant, avec un peu de réflexion, on comprendra qu'ici, comme dans toutes les épidémies, la peur est mauvaise conseillère.

D'abord, elle fait déserter le foyer domestique, qui est toujours le meilleur refuge, parce que là on a ses aises et ses habitudes.

Nous parlons de demeures véritables, et non de bouges infects, qui, à la honte de notre civilisation, abritent encore les classes pauvres.

Ce qui se passe en ce moment à Toulon est

une leçon, c'est-à-dire qu'on n'enfreint jamais impunément, les lois de l'hygiène.

'Quant aux moyens de désinfection usités jusqu'à ce jour, indépendamment qu'ils viennent trop tard, ce sont la plupart des *infectants*.

C'est pourquoi nous nous sommes attachés à un système de purification et de rafraîchissement de l'air n'ayant pas les inconvénients du chlore et du phénol.

Quant au régime alimentaire recommandé dans les instructions officielles, nous pensons également qu'il pêche par excès de rigorisme. Ce n'est pas au dernier moment qu'on change sa manière de vivre ; sans doute, il faut éviter les excès, soit en boissons, soit en aliments, mais il faut admettre que, pour la majorité des personnes, les excès ne sont pas la règle.

Mieux vaut donc continuer son régime habituel, car, comme on l'a dit, l'habitude est une seconde nature.

Dans les moyens prophylactiques ou de prévention, nous avons indiqué ceux qui nous ont le mieux réussi. Ayant traversé cinq épidémies de choléra, toujours à l'œuvre, nous pouvons dire : *Experto crede Roberto*, c'est-à-dire : « Croyez à notre expérience. » Ces moyens, d'ailleurs fort simples, permettent de conserver son régime habituel.

Quant aux moyens curatifs, ils sont du domaine médical ; ceux que nous proposons n'ont pas été généralement mis en pratique. Ici, comme en toutes choses, on s'est laissé guider par la routine. Or, la routine est un mauvais juge.

La preuve, c'est qu'on a déclaré le choléra *confirmé* incurable.

Nous sommes loin d'être de cet avis; c'est pourquoi nous proposons des moyens à la hauteur de la situation.

Comme nous l'avons dit, le traitement d'un cholérique doit être une sorte de sauvetage, c'est-à-dire qu'il ne faut pas hésiter d'y prêter la main.

Cette vaillance exclut la peur, comme on se jette à l'eau, même ne sachant pas nager, pour sauver un malheureux qui se noie.

Notre intention, en publiant la présente brochure, n'est nullement d'effrayer le public, mais, tout au contraire, de le rassurer, en lui faisant voir que le choléra, s'il tue plus vite que le typhus, ne présente pas les dangers de ce dernier, et que *neuf fois sur dix* on peut y échapper en s'y prenant à temps.

Si nous n'avons pas touché l'origine du choléra, c'est qu'elle est encore obscure. En attendant que nos savants l'aient débrouillée, mettons-nous en règle pour n'en pas être atteints.

12 juillet 1884.

Dr BURGGRAEVE.

PRODROMES DU CHOLÉRA.

Généralement le choléra s'annonce par des signes précurseurs.

C'est un dérangement des premières voies : quelquefois, la *diarrhée* dite *prémonitoire.*

On évitera ces indispositions en prenant régulièrement le matin, à jeun, le Sedlitz Chanteaud. (Voir notre brochure : *De l'influence du Sedlitz Chanteaud et de la médecine dosimétrique sur la longévité humaine.*)

Ce sel est aujourd'hui si répandu, qu'on peut dire qu'il fait partie du régime domestique, tout comme son congénère, le sel de cuisine. On le prend le matin, à la dose d'une cuillerée à café dans un demi-verre d'eau, et, après, on boit quelques gorgées d'eau fraîche. C'est un lavage intestinal qui enlève toutes les matières fermentescibles.

Or, le choléra n'est autre chose qu'une fermentation intérieure, à laquelle peuvent contribuer les microbes, comme ferment.

Après ce lavage, on déjeune comme si de rien n'était, et, si l'estomac est affadi, on a soin de prendre deux à trois granules de quassine, laquelle a pour effet de faire couler la bile et aussi d'activer la digestion.

De la manière dont elle est préparée par M. Chanteaud, en granules argentés, la quassine n'offense pas le goût, comme le fait le *quassia amara* usité en pharmacie.

C'est plus qu'un stomachique, mais un véritable parasiticide, c'est-à-dire que les microbes qui peuvent exister dans l'estomac sont tués instantanément.

Dans la matinée, afin de se donner du ton, nous conseillons de prendre, — sur prescription de médecin, — un granule d'arséniate de strychnine et un de camphre monobromé, dans un petit verre de vin de liqueur.

Ce sont encore là des parasiticides, dans ce sens qu'aucun microbe ou ferment ne saurait y résister.

Les fermentations anormales sont ainsi prévenues et on n'est pas tourmenté par des symptômes dyspeptiques. (Voir notre *Manuel des dyspepsies et leur traitement dosimétrique*, Paris, à l'Institut dosimétrique, 54, rue des Francs-Bourgeois.)

Dans l'après-midi, on prendra encore un granule de strychnine et un granule de camphre brômé, avec un verre de Bordeaux, car il faut toujours tenir le tube digestif en mesure d'agir. C'est quand il dort qu'il y a le plus de danger. La preuve, c'est que c'est souvent la nuit que le choléra nous saisit.

Au dîner du soir, on reprendra 2 à 3 granules de quassine et autant d'arséniate de soude, dans un peu d'eau et de vin ou dans une cuillerée de potage.

En se couchant, on prendra : 3 granules arséniate de strychnine, 3 aconitine et 3 digitaline, afin de réparer les pertes de la journée et de régulariser les systèmes nerveux et vasculaire.

(Il est bien entendu que l'on consultera toujours son médecin, à moins que celui-ci ne soit systématiquement opposé à la Dosimétrie. Dans ce cas, ce sera à lui d'indiquer le régime, car nous ne prétendons imposer cette méthode à personne.)

LA TOILETTE.

On se couvrira chaudement, mais légèrement, et l'on aura soin de pratiquer soir et matin ce que les Anglais nomment « Sponge Bath », c'est-à-dire qu'on s'épongera à l'eau fraiche, ou additionnée d'un peu d'eau sédative de Raspail. Cette opération doit se faire rapidement, et l'on fera après quelques tours dans la chambre, afin de provoquer la réaction.

On ne se couchera et on ne se lèvera ni trop tard, ni trop tôt.

On passera la soirée en compagnie agréable, en se rappelant le *vœ soli*. C'est surtout en temps d'épidémie qu'il faut se distraire. Éviter cependant les réunions trop nombreuses.

LES APPARTEMENTS.

Bien aérer les appartements, sans établir de courants d'air ; et, pour purifier l'air, appendre devant les fenêtres ouvertes des linges imprégnés d'eau de térébenthine.

Pour cela, on verse dans une cuvette d'eau de pluie deux ou trois cuillerées d'huile essentielle de térébenthine.

L'eau s'évapore et ainsi rafraîchit l'air. La térébenthine, en s'évaporant, répand en outre une agréable odeur de violettes. On fera cette opération soi-même, afin d'en être imprégné, ce dont on s'apercevra à l'odeur de son urine et de sa transpiration.

La térébenthine est un puissant parasiticide, au point qu'elle guérit presque instantanément la gale. Il suffit pour cela de frotter la paume des mains avec quelques gouttes d'essence de térébenthine et de se frictionner ensuite.

Il n'y a aucun microbe qui puisse résister à ce

moyen, lequel ne détermine aucune irritation de la peau et au contraire la maintient douce.

On en aura ainsi fini avec cet horrible phénol, qui est, non un désinfectant, mais un *infectant*.

On se servira de l'eau térébenthinée pour le lavage du linge, en y ajoutant un peu de sel de soude du ménage.

C'est à la fois propre et économique.

De la même façon, on nettoiera les tapis, en passant l'éponge, sans avoir besoin de les enlever.

Les vêtements de drap seront dégraissés de la même façon.

Comme nous le disons plus haut, la térébenthine ne reste pas dans les vêtements, comme le phénol, qu'on transporte partout avec soi, et qui donne l'idée d'un pestiféré.

CHOLÉRA CONFIRMÉ.

Si nous en parlons ici, c'est afin qu'on n'ait pas plus peur d'un cholérique que d'un noyé. On prêtera donc main forte au médecin, comme dans un sauvetage.

Le cholérique sera immédiatement mis nu, et, après une friction énergique avec le gant anglais et de l'esprit de vin camphré, on l'emmaillotera, devant un feu clair, dans une couverture trempée dans de l'eau térébenthinée, et une autre couverture sèche. Ainsi *momifié*, le cholérique n'est plus à craindre, ni pour lui, ni pour ceux qui l'entourent. La figure étant seulement encapuchonnée, on mettra, seulement de temps en temps, dans la bouche du malade, un petit morceau de glace afin de calmer le sentiment ardent de soif dont il est dévoré.

Si on a à sa disposition une pile de Bunsen, on s'en servira pour faire des frictions électriques : l'un des électrodes étant placé successivement sur les divers points de la colonne vertébrale, tandis que l'autre est promené le long des nerfs, du centre à la périphérie, et *vice versa*, afin de rétablir la circulation nerveuse.

Cette opération aura lieu à travers la couverture, sans la déranger.

Dès que la réaction se sera faite, c'est-à-dire que la chaleur sera revenue à la peau, on l'entretiendra, en donnant toutes les demi-heures un granule d'arséniate de strychnine et un de camphre brômé jusqu'à ce que les crampes aient complètement cessé.

Si le thermomètre, placé sous l'aisselle du malade, monte à 40°, ce qui est un signe de chaleur morbide, on donnera tous les quarts d'heure : un granule aconitine et un digitaline, — avec ou sans les granules de strychnine et de camphre brômé, — selon que le malade est plus ou moins prostré.

On examine de temps en temps le thermomètre, afin de suivre le cours de la maladie, et de continuer ou d'interrompre la médication.

Quand la chaleur est ramenée à 39° ou à 38°, c'est un signe que la réaction est faite.

On sortira alors le malade de ses couvertures, on le séchera rapidement devant un bon feu, et, après lui avoir passé du linge chaud, on le placera dans un lit légèrement mais chaudement couvert d'un édredon, et on lui donnera, par petites cuillerées, du punch ou du vin chaud, chaque fois avec un granule d'arséniate de strychnine et un granule d'arséniate de quinine, afin de prévenir un nouvel accès. Ce traitement sera continué pendant quelques jours à raison de 6 à 8 granules de chacun de ces alcaloïdes par jour, deux par deux.

On nourrira le malade avec prudence, en procédant graduellement.

Tel est le traitement que le médecin, s'il est dosimètre, emploiera et dans lequel il faut lui venir en aide sans nulle crainte, car c'est la peur qui constitue le danger.

A la guerre on voit des exemples de ce qu'on nomme le « premier coup de feu », dont les *peurards* sont victimes.

Le meilleur soldat regarde l'ennemi en face, et, au lieu d'en être frappé, le frappe.

Ainsi doit faire le courageux citoyen.

Nous ne disons pas les « citoyennes », car généralement les femmes sont plus courageuses que les hommes. Aussi nous ne pensons pas qu'il soit nécessaire de stimuler leur grande âme. On les a vues à l'œuvre dans les périls publics.

Qu'au lieu de fuir la mêlée, on reste au contraire sur le champ de bataille et qu'on s'y comporte vaillamment.

Fuir et fermer sa demeure, c'est y trouver au retour le choléra, qui s'y est insinué par toutes les fissures.

Au besoin, l'autorité devra prendre des mesures pour que les appartements abandonnés par leurs propriétaires ou locataires soient tenus ouverts et aérés.

Et comme il s'agit du salut public, on y mettra au besoin les malheureux qui n'ont qu'un bouge pour demeure, en attendant qu'on fasse disparaître ce dernier.

Dr BURGGRAEVE.

LA DOSIMÉTRIE

ou

MÉDECINE DOSIMÉTRIQUE

La dosimétrie n'est autre chose que la thérapeutique en action, occupant son véritable rang, et devenant pour le médecin le digne couronnement de toutes ses études antérieures. Sans la thérapeutique, en effet, le médecin n'est plus qu'une sorte de naturaliste, selon l'expression d'Amédée Latour, dont la place peut être à l'académie des curieux de la nature, mais non au lit du malade.

La dosimétrie, c'est l'expectation meurtrière dans les maladies aiguës, définitivement condamnée, et faisant place à l'intervention militante du médecin. C'est, dans un autre ordre d'idées, le médecin devenu réellement le ministre et l'interprète de la nature ; c'est le représentant de la science désormais désiré avec une légitime impatience, universellement respecté et entouré de l'estime qui s'attache partout à l'homme dont la science et les ressources inspirent et commandent la confiance.

Elle emploie pour chaque maladie un traitement adéquat à la nature de celle-ci. Aux maladies aiguës elle oppose un traitement aigu ; aux maladies chro niques, un traitement chronique.

Toute maladie aiguë n'est au début que le dérange-ment, le trouble d'une fonction : les phénomènes vitaux sont modifiés sans qu'il y ait encore altération anatomique des tissus ou des organes. Ce trouble fonctionnel se manifeste par l'élévation de la tempé-rature et l'accélération du pouls, par ce qu'on appelle la *fièvre*, en un mot. Bientôt, sous l'influence de ce trouble, et la fièvre aidant, la maladie se localise et l'organe affecté subit une altération plus ou moins grande ; telle est l'origine et la marche des lésions anatomo-pathologiques, c'est-à-dire des lésions cau-sées par la maladie, lésions contre lesquelles la science est le plus souvent désarmée, dont la guéri-son est en tous cas très longue et qu'il vaut mieux prévenir.

Mais, comment les prévenir? En supprimant leur cause, c'est-à-dire le trouble fonctionnel au début et la fièvre qui en est la manifestation. La maladie se trouvera alors *jugulée*.

Les médecins ont bien senti de tout temps la néces-sité de faire tomber la fièvre qui brûle les malades : mais les uns, Broussais en tête, voyant dans la fièvre une inflammation, indice d'un excès de force, avaient recours aux saignées générales qui domptaient la fièvre, en épuisant le malade ; les autres avéc Brown, trouvant avec raison que les manifestations fébriles étaient dues à un manque de circulation du sang, signe de faiblesse bien plus que de force, cherchàieut à relever la vitalité et à activer la circulation par les excitants généraux, les sudorifiques, etc. Mais leurs médicaments grossiers et irritants, après un coup de fouet donné aux malades, les laissaient retomber bientôt plus affaiblis par ce nouvel et inutile effort. Dans les deux cas, à moins d'une constitution exceptionnellement robuste, le malade guérissait... par la mort.

En présence de cette effrayante mortalité, les médecins qui suivirent préférèrent ne rien faire dans la crainte de contrarier les efforts de la nature par une médication inopportune ; ils bornèrent tout le traitement à quelques prescriptions d'hygiène. C'est là ce qu'on appelle faire de l'*expectation* : on avait trop fait ou à contre-sens ; on ne fit plus rien. Mais les médecins qui font de l'expectation et attendent patiemment, avant d'intervenir par un traitement énergique, que la fièvre ait fait son œuvre et que la maladie soit bien déclarée, ne ressemblent-ils pas à un imprudent qui, sachant le feu dans les caves de sa maison, le laisserait brûler, attendant, pour aller chercher du secours, que l'incendie ait gagné les étages supérieurs ? Là où un seau d'eau aurait suffi, jeté à temps, les pompes deviennent impuissantes, et la maison se consume jusqu'au bout. De même, en combattant les premiers symptômes, en les maîtrisant, on peut le plus souvent faire avorter la maladie ; tandis qu'en les négligeant, en se fiant à la nature du soin de les guérir, la maladie suit son cours, jusqu'à la guérison ou jusqu'à la mort du malade.

C'est alors que le docteur Burggraeve, professeur éminent de la faculté de Gand, dont le nom était déjà

européen grâce à de nombreux travaux de chirurgie
et, en particulier, à son invention des appareils oua-
tés, aborda à son tour le problème de la jugulation
des maladies aiguës. Physiologiste distingué, il vit
bientot que la fièvre était due à un arrêt dans la circulation du sang, causé par une paralysie ou, tout au
moins, une paresse, une fatigue des nerfs vaso-moteurs qui président à cette circulation dans tout le
corps. C'est donc en redonnant du *ton* à ces nerfs, en
relevant leur vitalité, qu'on ramènera la circulation à
son rythme normal et qu'on mettra fin à cette stag-
nation du sang dans les organes, source de chaleur
d'abord, et d'inflammation ensuite, origine certaine
des congestions, des abcès, des changements de tex-
ture, des fameuses lésions anatomo-pathologiques,
en un mot.

Justement à cette époque, l'illustre Claude Bernard, dont M. Burggraeve s'honorait d'être l'ami,
venait de découvrir les effets de la strychnine sur le
système des nerfs vaso-moteurs, dont elle réveille
l'énergie, et démontrait que certains alcaloïdes, l'aconitine et la vératrine, par exemple, abaissaient la
température animale : pour cette raison, il les
nomma *défervescents.*

Dans cette idée si simple : faire tomber la chaleur
de la fièvre par les défervescents, et rétablir la circulation du sang en relevant la vitalité par la strychnine, M. Burggraeve trouva en germe toute sa
réforme médicale et pharmaceutique. Désormais la
dosimétrie, c'est-à-dire la médecine des petites doses
mesurées mathématiquement, — comme nous allons
l'expliquer, — était née, et M. Burggraeve allait y

consacrer sa vie, car tout était à créer : la méthode
et les moyens d'action, ou médicaments.

La pharmacie était en effet encombrée d'un nombre
infini de formules compliquées, de préparations indi-
gestes dans lesquelles les corps les plus disparates
sont mélangés. Qu'un médecin en renom modifie une
de ces formules pour l'adapter à un cas particulier,
vite cette modification passe article de foi et va grossir
les formulaires officiels. Toutes les sciences avaient
progressé : seule, la thérapeutique suivait l'immuable
sentier de la routine. Ainsi, l'énergie médicale des
plantes dépend de leur lieu d'origine, de leur culture,
de leur âge, etc. Les produits naturels eux-mêmes,
les préparations les plus simples en apparence sont
complexes et renferment des matières actives nombreuses, différentes et souvent antagonistes. L'exemple le plus frappant est fourni par l'opium dont l'étude
approfondie a dévoilé l'existence de six alcaloïdes
principaux bien définis, et qui ont tous des pro-
priétés différentes et tranchées. Ainsi, d'après Claude
Bernard, la narcéine, la morphine et la codéine
sont soporifiques, tandis que la papavérine, la thé-
baïne et la narcotine sont des convulsivants. Éton-
nez-vous, après cela, de voir le laudanum et l'extrait
d'opium produire dans la pratique des effets diffé-
rents !

En présence de ces contradictions thérapeutiques,
pour couper court à toutes les incertitudes, à tous les
risques auxquels donnaient lieu des préparations différentes d'une officine à l'autre, parfois trop actives,
parfois anodines, toujours infidèles, M. Burggraeve
rejeta d'un bloc toute l'ancienne cuisine du codex. Il

résolut de n'employer que des substances simples, d'une composition chimique invariable, dont les effets sont toujours constants et peuvent ainsi être calculés mathématiquement d'avance. Ces substances étaient précisément les principes actifs eux-mêmes des plantes, que les chimistes avaient découverts successivement depuis le commencement du siècle, et qu'on nomme alcaloïdes.

Les physiologistes avaient déjà étudié sur les animaux les effets d'un grand nombre de ces principes : mais à part quelques-uns d'entre eux, la quinine, la digitaline, la santonine, les médecins ne les avaient point essayés dans leur pratique. Leur paresse trouvait plus commode de ne rien faire ou d'ordonner au hasard une des mille formules toutes faites, remède banal que l'on prescrit sans compter sur son effet. C'est ainsi que les plus belles découvertes de la chimie et de la physiologie restaient stériles : que dirait-on cependant de nos ingénieurs si, mettant de côté l'invention des chemins de fer et de l'électricité, ils voulaient nous ramener au régime des diligences et aux signaux du télégraphe aérien ?

M. Burggraeve se mit donc courageusement à l'œuvre, étudiant pendant de longues années sur lui-même les effets des alcaloïdes qu'il voulait introduire dans la thérapeutique courante : aussi lorsque, après ces minutieuses expériences, il publia les règles de sa nouvelle méthode, ce n'était plus un *système* qu'il exposait, c'est-à-dire « le rêve d'un homme éveillé, » comme il le dit éloquemment lui-même, mais la médecine moderne elle-même, la médecine de l'avenir, armée de toutes les ressources que la physiologie et la chimie ont forgées pour elle et laissant désormais aux empiriques les formules compliquées d'Andromaque ou de Locuste. Ces lois, d'ailleurs, comme toutes les conquêtes du génie, étaient simples et peu nombreuses : si simples que nous éprouvons même quelque gêne à les indiquer ici, tant elles paraissent banales.

Les médicaments doivent être administrés jusqu'à effet et par petites doses d'autant plus rapprochées que l'affection est plus aiguë.

Jusqu'à effet, c'est-à-dire qu'on doit continuer l'administration d'un médicament jusqu'à l'obtention de l'effet désiré, sans tenir compte de la quantité déjà administrée.

Par petites doses, parce qu'elles facilitent l'absorption du médicament; qu'on est sûr de ne jamais dépasser la quantité nécessaire ; qu'on ne doit pas perdre de vue la nature du malade et la résistance plus ou moins grande qu'il apporte à l'action des remèdes.

Par doses d'autant plus rapprochées que l'affection est plus aiguë, parce que, dans les maladies aiguës, le temps tue et qu'il faut proportionner la défense à l'attaque.

En un mot :

1. *Aux maladies aiguës, il faut opposer un traitement aigu.*

2. *Aux maladies chroniques, il faut opposer un traitement chronique.*

Telles sont les deux règles fondamentales de la dosimétrie : M. Burggraeve a pu les formuler parce qu'il mettait entre les mains du médecin le moyen de

s'y conformer, des médicaments simples et héroï-
ques, de véritables armes de précision. Ayant re-
connu que le seul inconvénient de l'emploi des alcaloïdes résultait de leur action sur les premières
voies et de leur absorption trop rapide par les mu-
queuses qui tapissent ces organes, quand on les
administrait dissous dans un liquide quelconque, il
les a prescrits sous forme de granules. Fort heu-
reusement pour la méthode dosimétrique, qui aurait
pu sombrer au départ, un pharmacien habile autant
que consciencieux, M. Charles Chanteaud, a levé
l'obstacle en préparant avec les alcaloïdes des granules solubles et inaltérables, dosés avec une précision mathématique et contenant chacun, suivant le
cas, un demi-milligramme, un milligramme ou un
centigramme de substance active. Ainsi ces granules,
au lieu de ne renfermer, comme les globules homœopathiques, qu'une dose infinitésimale, c'est-à-dire
illusoire, du médicament prescrit, en contiennent
une dose pondérable, et la dose d'un seul granule est
en même temps d'un emploi si commode et si inoffen-
sif qu'elle convient aux malades les plus jeunes, ou
doués d'une impressionnabilité exceptionnelle. Ils
sont de plus très rapidement dissous par la salive et
par les sucs de l'estomac, de sorte que l'action
thérapeutique ne se fait pas beaucoup attendre et
que les malades ne sont jamais exposés aux inconvénients des pilules ordinaires : on a vu en effet des
personnes garder celles-ci dans les organes digestifs
pendant un temps assez long pour que les doses s'y
accumulent et produisent, à un moment donné, des
effets toxiques.

Grâce à cet arsenal de médicaments nouveaux, une maladie, pour être attaquée, n'a même pas besoin d'être reconnue. Le médecin s'attache avant tout aux symptômes, c'est-à-dire aux souffrances du malade : il ne s'attarde pas aux difficultés d'un diagnostic positif, mais il va droit au but, sans retard et sans danger, puisqu'il agit avec des armes certaines. S'il est prévenu à temps (il le sera toujours lorsque le public comprendra la nécessité et la possibilité de la jugulation des maladies aiguës), il pourra le plus souvent faire avorter la maladie dans son germe, et dans tous les cas diminuer de beaucoup la durée et la gravité des affections déjà déclarées et en pleine évolution.

Aussi, malgré l'hostilité intéressée des facultés et des académies, malgré le mauvais vouloir des pharmaciens, cette doctrine se propage avec une rapidité qui s'explique par le grand nombre de guérisons obtenues. Prenant en main le bâton de l'apostolat, comme il le dit pittoresquement lui-même, M. Burggraeve, malgré son âge avancé, a parcouru l'Espagne, le Portugal, l'Italie, la Suisse, la Hollande, l'Angleterre, l'Allemagne et le Danemark : partout il a eu la bonne fortune de plaire au public intelligent et d'entraîner à sa suite les praticiens de bonne foi de tous les pays. L'Institut libre de médecine dosimétrique qu'il a fondé à Paris compte ses adhérents par milliers. Voyant la conspiration du silence organisée autour de lui, en butte à l'hostilité non déguisée de toute la presse médicale, il a fondé, voilà dix ans, un journal, « *Le Répertoire universel de médecine dosimétrique* », pour la rédaction duquel il a fait appel à la collaboration de tous les médecins, et ce journal compte déjà parmi les organes les plus importants et les plus lus de notre temps ; au point que sa collection, devenue très rare et presque introuvable, atteint des prix considérables. A côté du *Répertoire*, et, pour ainsi dire à son ombre, naissaient en Italie, en Angleterre, en Espagne, en Portugal, en Hollande et jusqu'en Amérique des « Revues dosimétriques » vivant de leur vie propre, alimentées de faits cliniques par les médecins de leur nationalité et n'ayant d'autres liens entre elles que leur commune admiration pour le propagateur, désormais immortel, de la dosimétrie.

Les mémoires et les livres originaux viennent chaque jour compléter l'exposition de la doctrine et donner une forme définitive aux découvertes consignées dans ces journaux. C'est ainsi que le docteur Juhel (de Caen), ouvrant la marche, a mis sous une forme littéraire et attrayante la dosimétrie à la portée des gens du monde pendant que les docteurs Lamy (de La Rochefoucauld) et Félix Paquet (de Roubaix) offraient avec un légitime orgueil leurs savants mémoires à l'appréciation de leurs collègues. Une place à part est due au docteur Fontaine (de Bar-sur-Seine), qui a si bien mérité de l'humanité et surtout des mères de famille en découvrant un traitement aussi simple qu'infaillible du croup, de l'engine couenneuse et, en général, de toutes ces affections diphtéritiques qui déciment les jeunes enfants.

Du reste, pour donner une idée des progrès accomplis par la médecine dosimétrique, il nous suffira de rappeler le succès du Congrès international qu'elle a réuni à Madrid, au mois de mai 1881 ; le gouvernement espagnol a tenu à honneur d'ouvrir officiellement ce Congrès et, non content de nommer commandeur de ses ordres le docteur Burggraeve et M. Charles Chanteaud, il a voulu, en décorant tous les délégués français, MM. les docteurs Fontaine, Bourdon, Félix Paquet et Lamy, montrer en quelle haute estime il tenait la nouvelle réforme.

Les adhésions d'hommes considérables par leur position scientifique n'ont point manqué à la nouvelle méthode. Ainsi M. le docteur Hébert, pharmacien en chef à l'Hôtel-Dieu de Paris, écrit à son auteur, M. Burggraeve :

... « J'ai depuis longtemps pour votre personne et pour vos travaux une estime sincère et qui — croyez-le bien — est loin d'être du fétichisme. C'est parce que j'ai étudié votre œuvre et me flatte de l'avoir bien comprise, c'est parce que j'ai voulu savoir ce que je fais, qu'aujourd'hui, sans avoir besoin de vous jeter l'encensoir à la tête, je viens tout bonnement vous dire que je vous suis dévoué à tout jamais. »

Et M. Bertulus, doyen de l'école de médecine de Marseille :

.... « Je crois votre méthode destinée à faire son chemin et à rendre de grands services dans l'administration de nos agents médicinaux les plus énergiques, partant, les plus précieux au point de vue de leur action élective ou dynamique. »

M. Sabatier, professeur à la faculté de médecine de Montpellier, écrit à son tour :

... « Je crois que votre méthode dosimétrique est un vrai progrès et j'apprécie vivement en elle sa rigueur, sa précision, son caractère expérimental. Vous faites de la médecine au lit du malade comme le physiologiste de la physiologie dans son laboratoire. »

M. Paul Bert, le physiologiste si habile de la faculté des sciences de Paris, et l'ancien ministre de l'instruction publique, après avoir fait·pour les lecteurs du journal « *La République française* » un lumineux exposé de la dosimétrie considérée comme réforme pharmaceutique et comme réforme médicale, termine ainsi ses lignes enthousiastes : « Ainsi, l'emploi actif, énergique de ces alcaloïdes si actifs et énergiques eux-mêmes, mais leur emploi prudent, réglé, admirablement mesuré grâce à la granulation fractionnée, telle est, à vrai dire, la méthode dosimétrique. »

Le succès de la dosimétrie à l'étranger a été plus grand encore : bornons-nous à rappeler ici les conclusions formulées par le docteur Secondo Laura, professeur à la faculté de médecine et membre de l'Académie de médecine de Turin ;

1º La dosimétrie est une méthode thérapeutique rationnelle et scientifique ;

2º La dosimétrie a affirmé des principes thérapeutiques d'une très grande importance ;

3º Ces principes sont fondés sur *l'observation* et sur *l'expérimentation* clinique ;

4º Le remède dosimétrique est un moyen très précieux de précision ;

5º Le remède dosimétrique doit être préféré dans

la plupart des maladies à la forme allopathique ordinaire;

6º La dosimétrie laissera une trace digne dans la science et dans l'art;

7º Tout médecin consciencieux a l'obligation morale de l'expérimenter ;

8º Comme méthode thérapeutique, la dosimétrie est une « *réalité* » et un véritable « *progrès* ».

Le corps des médecins militaires et de la marine ne pouvait rester étranger à ce grand mouvement de la médecine vers le progrès : aussi l'institut de médecine dosimétrique compte-t-il parmi eux un grand nombre d'adhérents. Malheureusement, gênés par le règlement qui pèse sur les hôpitaux militaires, ils sont le plus souvent réduits à garder pour eux-mêmes et leur clientèle particulière les bienfaits de la nouvelle doctrine. Nous ne pouvons mieux faire, et c'est par là que nous terminerons, que de transcrire ici en entier, quoiqu'elle soit un peu longue, la lettre de l'un des membres les plus distingués parmi [les médecins de la marine, adressée à M. le docteur Burggraeve.

Brest, le 10 octobre 1881.

Cher et honoré président,

Arrivé le 9 juin au Conquet, au milieu d'une épidémie de diphtéries, de rougeoles, de scarlatines et de coqueluches, j'ai pu constater, une fois de plus, l'action tutélaire des médicaments dosimétriques. Dans un pays distant de 12 kilomètres de la plus prochaine pharmacie convenablement approvisionnée, j'aurais été dans un cruel embarras si je n'avais été amplement muni d'alcaloïdes. Je n'ai presque employé absolument qu'eux, et voici les résultats que j'ai obtenus :

Sur 78 malades atteints : 16 de diphtérie, — 22 de rougeole, — 19 de coqueluche, — 1 de sternalgie, — 8 de bronchite, — 2 de rhumatisme, — 1 de pleuropneumonie, — 2 d'apoplexie larvée, — 1 de coliques hépatiques, — 3 de convulsions épileptiformes, — 3 de diarrhée bilieuse, je n'ai perdu qu'un croup, déjà arrivé à la période d'asphyxie lors de ma première visite, et qu'une angine couenneuse compliquée de bronchite capillaire.

Toutes les autres affections se sont guéries dans un temps relativement court ; une seule existe encore, mais elle s'atténue tous les jours.

Je n'avais jamais eu l'occasion d'employer si largement les agents nouveaux, et quelque confiance qu'ils m'inspirassent par suite des résultats heureux déjà obtenus, je me suis senti d'abord inquiet de n'avoir pas pour les seconder certains moyens usuels. La confiance toutefois n'a pas tardé à me revenir. Leur action, en effet, a été aussi prompte qu'efficace. Si, dans la diphtérie, le sulfure de calcium a donné des résultats merveilleux, la vératrine, la digitaline, l'aconitine, l'hyosciamine, les sels de strychnine, de quinine et le Sedlitz Chanteaud ont justifié et au delà la foi que j'avais mise en eux.

J'avais, il y a un an, accueilli la dosimétrie avec une certaine réserve. Je suis persuadé aujourd'hui qu'elle est une des découvertes les plus précieuses de notre époque, et je me fais un devoir de le proclamer.

A mon âge, on ne se laisse pas aisément séduire. Si donc je préconise les alcaloïdes, c'est que je suis bien convaincu qu'ils sont pour le médecin des moyens d'action préférables à tous les autres.

Dès que j'aurai quelques loisirs, je décrirai l'épidémie du Conquet. Elle a été assez grave, assez complexe pour être mentionnée. Les succès obtenus par la méthode nouvelle prouveront aux plus incrédules que le savant docteur Burggraeve a droit à tous les éloges, à tous les respects des amis de la vraie science et de l'humanité.

Dr A. DAUVIN,

**Membre de l'Institut dosimétrique,
Médecin en chef de la marine, membre de plusieurs
sociétés savantes nationales et étrangères.**

CONCLUSION

En résumé, la médecine dosimétrique permet, d'après l'ordre du médecin, de confier aux mains de tous, *et toujours sans danger*, les agents les plus actifs de la thérapeutique. Par son principe de la jugulation des maladies aiguës, en arrêtant, dès le début, les maladies les plus graves, non seulement elle soustrait les malades aux dangers directs de ces maladies ; non seulement elle supprime les frais qu'elles entraînent ainsi que la suspension du travail ; mais surtout elle abrège (quand elle ne la fait pas disparaître complètement) la durée de la convalescence, sans compter que les malades traités par elle échappent aux dégoûts de la méthode allopathique, des potions écœurantes et des tisanes compliquées. Grâce à ces granules, si actifs malgré leur petitesse et qui ne ressemblent en rien aux globules homœopathiques, le médecin sait mathématiquement ce qu'il fait : s'il est appelé à temps, les fluxions de poitrine, les pleurésies les plus graves cèdent en quelques jours ; la fièvre typhoïde disparaît au bout d'une ou deux semaines, tandis que toutes les maladies éruptives, variole, rougeole, scarlatine, etc., n'étant plus contrariées par la fièvre et par la chaleur de la peau, suivent leur cours, sans faire courir de dangers aux malades.

Enfin, dans les maladies chroniques et quand le traitement doit être suivi pendant longtemps, en facilitant ce traitement, elle en assure la régularité et le malade reçoit ainsi le bénéfice d'une médication énergique, sûre et régulière, sans en avoir ni les déboires ni les incommodités.

PHARMACIE DOSIMÉTRIQUE

La pharmacie dosimétrique repose sur les progrès de la chimie moderne : elle se compose de préparations parfaitement connues, tirées du règne animal, végétal et minéral et des corps intermédiaires tels que les métalloïdes, l'iode et le brome. Elle se sert des principes simples, rarement des substances composées.

Les médicaments dosimétriques se présentent sous la forme de petits granules solubles et dosés au demi-milligramme, au milligramme ou au centigramme, suivant l'énergie des substances employées.

Les médicaments dosimétriques les plus usités sont :

1º les *incitants vitaux* : strychnine et ses sels, brucine ;

2º les *Défervescents* : aconitine, vératrine, quinine, etc. ;

3º les *calmants narcotiques* : morphine, codéine, narcéine, cicutine, atropine, hyosciamine, daturine, etc. ;

4º les *anesthésiques* : camphre bromé, croton-chloral, etc. ;

5º les *toniques* de l'estomac : quassine, ou de l'intestin : jalapine, colocynthine, etc. ;

6º les *expectorants* : émétine, scillitine, kermès, etc. ;

7º les *reconstituants* : arséniates, préparations de fer et d'iode ;

8º les *purgatifs* : podophyllin, bryonine, Sedlitz Chanteaud ;

9º les *antiparasitaires* : acide salicylique et ses sels, sulfure de calcium ;

10º les *vermifuges* : santonine, kousséine ;

Etc., etc.

Nota. *Les médicaments dosimétriques sont délivrés dans les pharmacies, seulement sur prescription du médecin*, par tubes de 20 granules, portant la signature du Dr Burggraeve, comme garantie contre la fraude et les contrefaçons.

FABRIQUE ET VENTE EN GROS

CH. CHANTEAUD, PHARMACIEN

54, Rue des Francs-Bourgeois, Paris

BIBLIOTHÈQUE DOSIMÉTRIQUE

Pour fonder la méthode dosimétrique, il a fallu d'abord créer les médicaments, ensuite faire connaître la manière de s'en servir. Ce premier soin incombait à mon collaborateur, M. Ch. Chanteaud, et on sait de quelle manière intelligente et consciencieuse il s'acquitte de sa tâche. Tous les médecins qui ont fait usage de ses médicaments, ont rendu témoignage de leur efficacité. — La partie des publications m'incombait, et on ne saurait dire que j'ai perdu mon temps. Il a donc fallu créer toute une bibliothèque dosimétrique.

Dʳ BURGGRAEVE.

MANUEL DE THÉRAPEUTIQUE DOSIMÉTRIQUE, ou exposé de la méthode et des divers cas d'application. — Prix : 4 francs.

MANUEL DE PHARMACODYNAMIE DOSIMÉTRIQUE, ou le mode d'action des médicaments dosimétriques. — Prix : 3 francs.

MANUEL DES MALADIES DES ENFANTS et leur traitement dosimétrique. — Prix : 2 francs.

MANUEL DES MALADIES DES FEMMES et leur traitement dosimétrique. — Prix : 2 francs.

NOUVEAU GUIDE PRATIQUE DE MÉDECINE DOSIMÉTRIQUE. — Prix : 1 franc.

MANUEL DES DYSPEPSIES et leur traitement dosimétrique. — Prix : 2 francs.

MANUEL DE LA FIÈVRE et de son traitement dosimétrique. — Prix : 3 francs.

POUR LES PERSONNES DU MONDE :

A LA MER, avec conseils pour la santé, 2ᵉ édition. — Prix : 2 francs.

LA LONGÉVITÉ ET LES MOYENS PRATIQUES D'Y ARRIVER, 3ᵒ édition. — Prix : 2 francs.

C'est en répandant dans le public des notions d'hygiène qu'on le fera échapper aux menées du charlatanisme. Le médecin n'a qu'une arme pour se défendre : la science.

RÉPERTOIRE UNIVERSEL

DE

MÉDECINE DOSIMÉTRIQUE

(Médecine humaine et médecine vétérinaire comparées)

JOURNAL PARAISSANT UNE FOIS PAR MOIS

Prix de l'abonnement :

France et Algérie, **10** francs ; Pays étrangers, **15** francs.